AF227722

我有一個身體，我會笑
Laughing Like the Wind

文／童羽　圖／俞靜如

美術編輯／江昀倢

出版者／美商 EHGBooks 微出版公司

發行者／美商漢世紀數位文化公司

臺灣學人出版網：http://www.TaiwanFellowship.org

印　　刷／漢世紀古騰堡®數位出版 POD 雲端科技

出版日期／2020 年 9 月

總經銷／Amazon.com（亞馬遜 Kindle 電子書同步出版）

臺灣銷售網／三民網路書店：http://www.sanmin.com.tw

三民書局復北店

地址/104 臺北市復興北路 386 號

電話/02-2500-6600

三民書局重南店

地址/100 臺北市重慶南路一段 61 號

電話/02-2361-7511

全省金石網路書店：http://www.kingstone.com.tw

定　　價／新臺幣 450 元（美金 15 元／人民幣 100 元）

ISBN: 978-1-64784-036-5

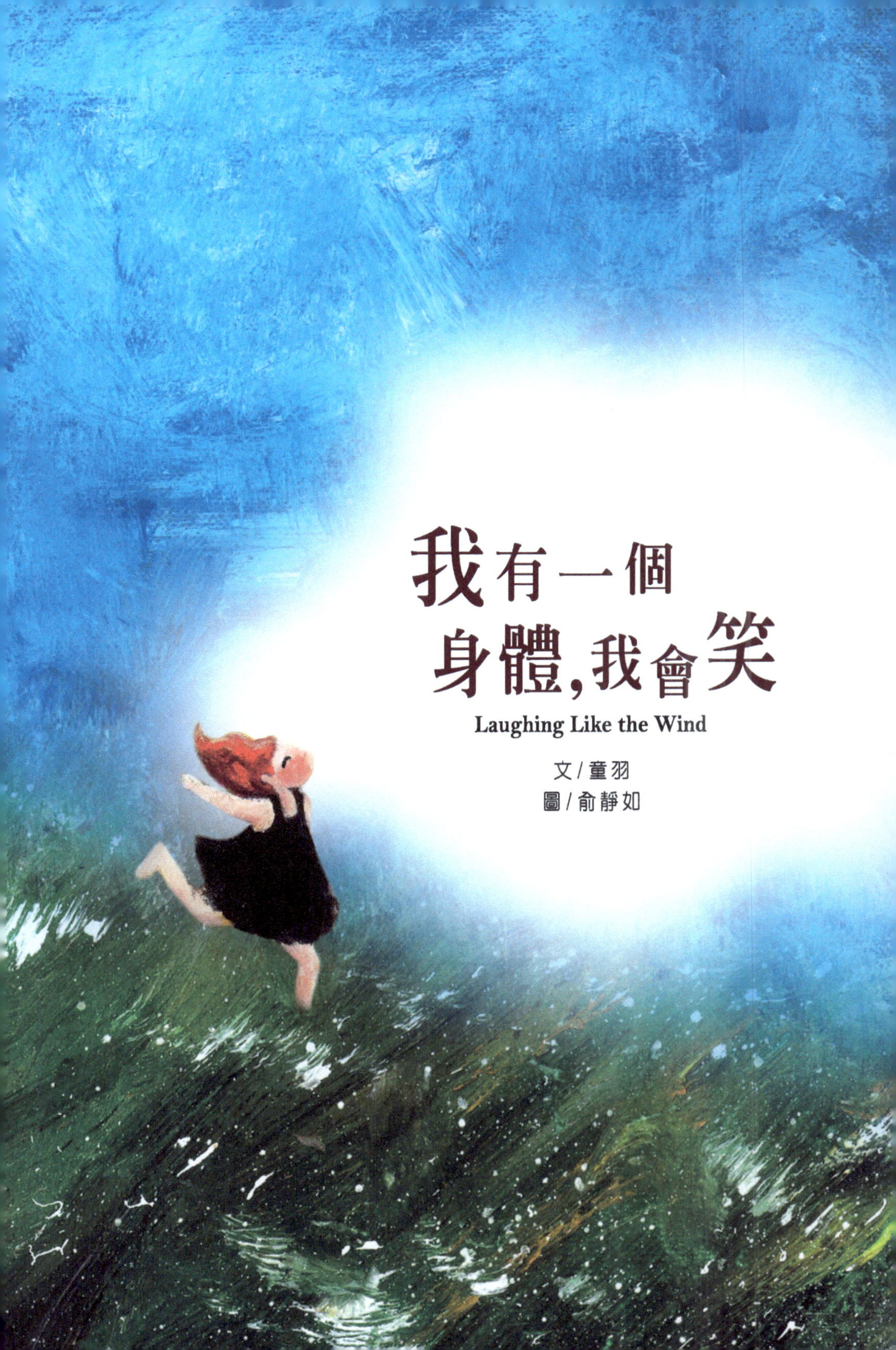

我有一個
身體, 我會笑
Laughing Like the Wind
文 / 童羽
圖 / 俞靜如

童年

一隻美麗的小鳥

在時光花園裡

不慌不忙踱着步

轉眼　飛起　消逝

等待那空中飄落的

彩羽　冉冉落地

小心地揀起來的

記憶　金光閃閃

作者　童羽 / 本名 潘秀玲，台灣宜蘭人。

喜愛大自然和小孩子，她有兩個兒子，都已長大成人。

　　孩子小時，每晚的床前故事，都是她編出來的，像是走在鄉野小路上，邊走邊採的野花，可惜沒有記錄，花朵也隨手灑落。

　　有了孫兒女後，決心彌補這個遺憾，所以開始了童書寫作，稍稍揀回了落花的繽紛。

繪本插畫 Sylvia / 本名 俞靜如

　　是一位長期在特殊教育領域耕耘的特教老師，本身也經歷過失學、失親、失婚等創傷，藉由信仰及繪畫漸漸走出創痛。

繪本編輯 江旳倢

　　現職為自由接案設計師，希望能將作者所寫下故事裡情感流露的真實感受透過編輯傳達給讀者。

給我的孫元昊，我的孫女元熙和元恩，是他們帶給我的靈感。

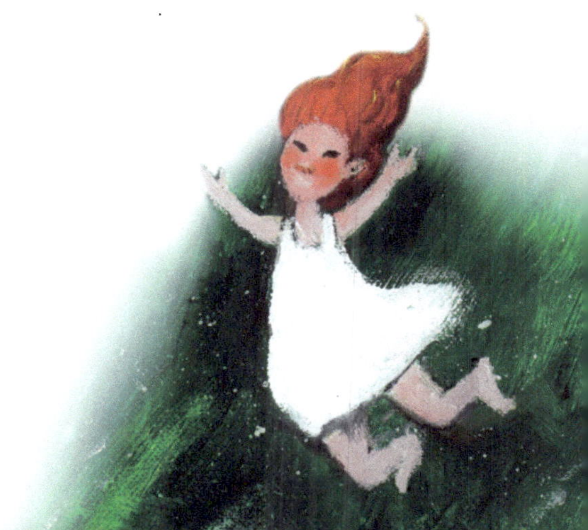

我有一個身體，我會跑，
跑成一隻鴕鳥，
跑過黃色的曠野。

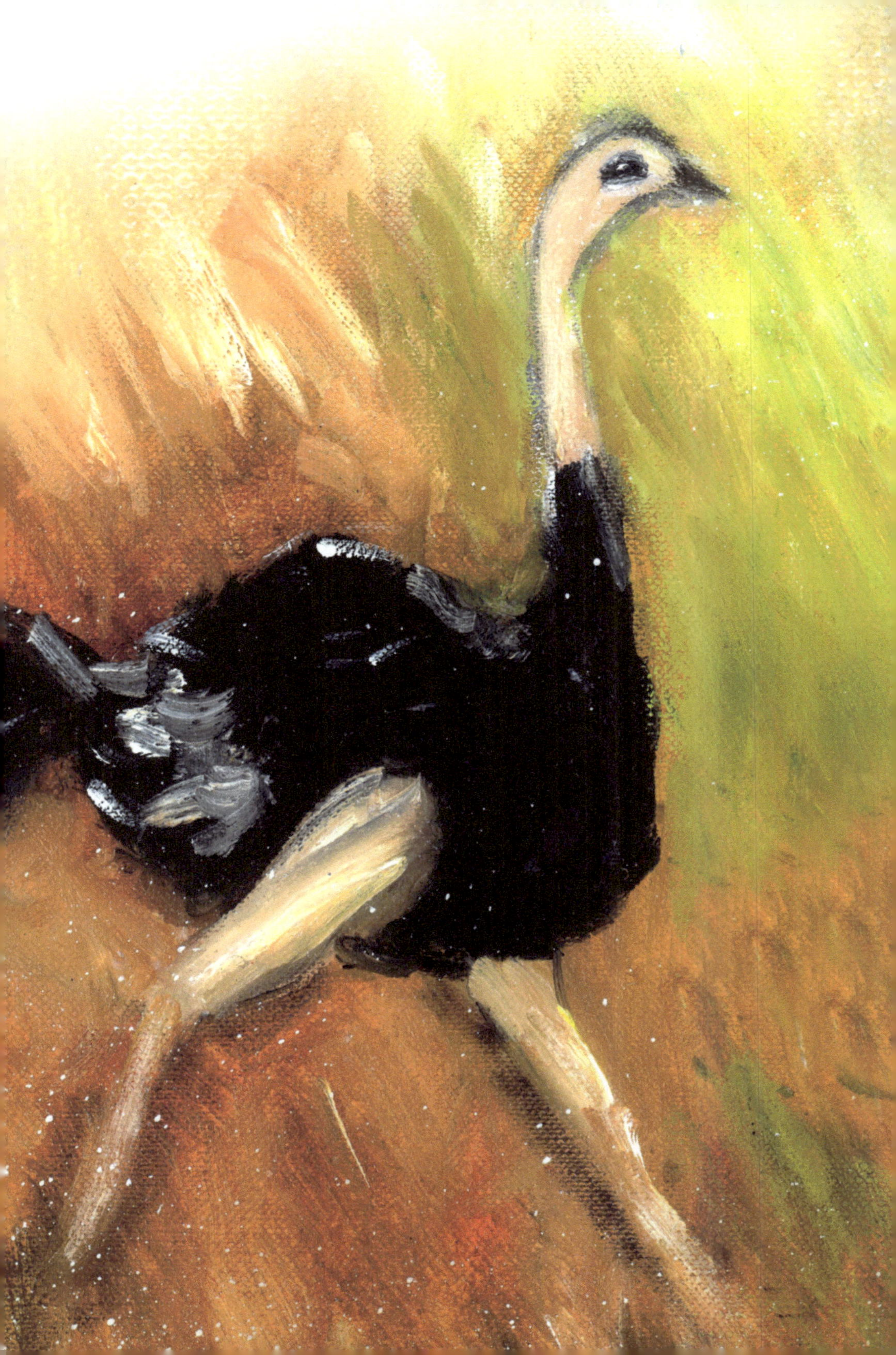

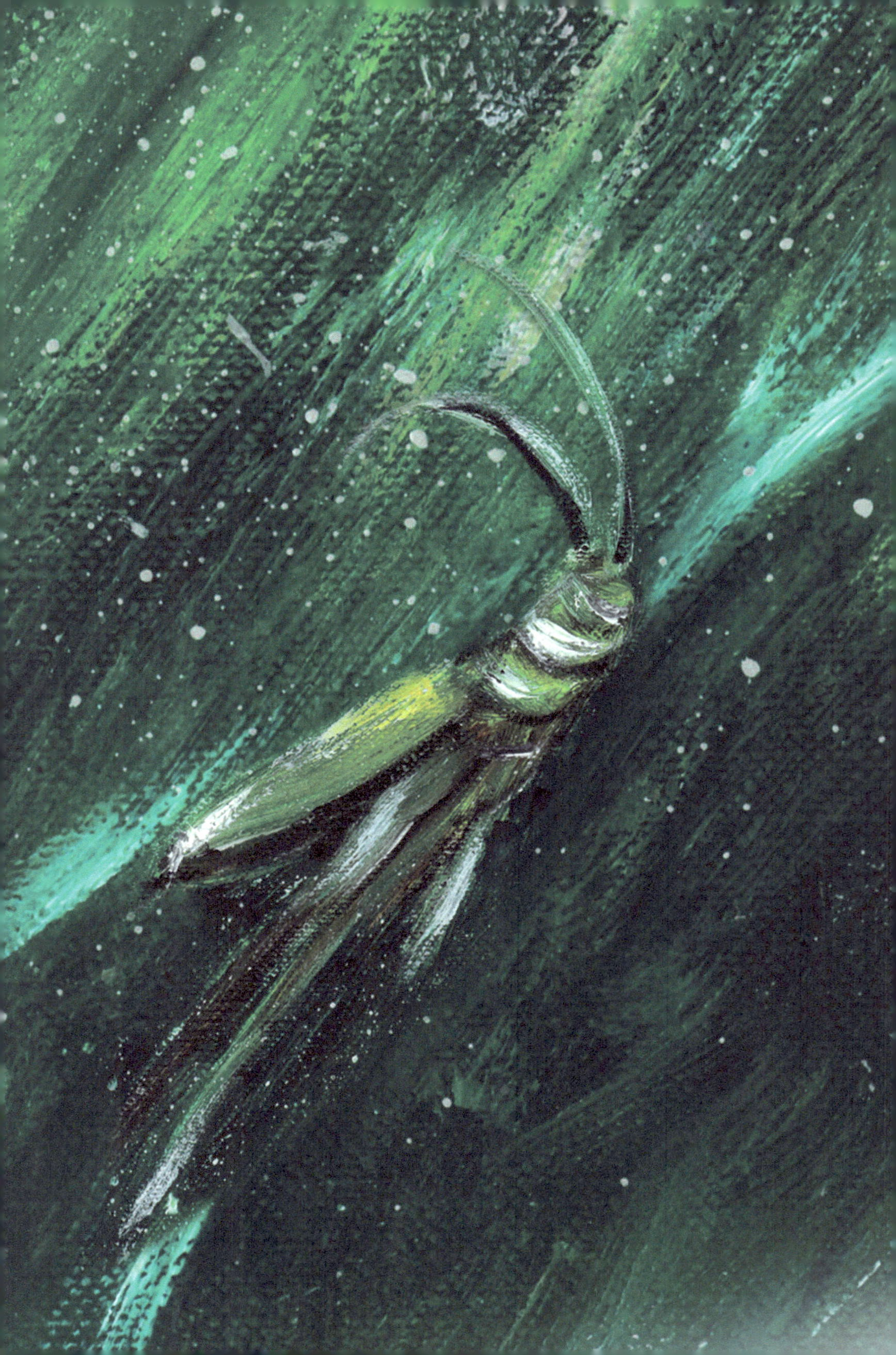

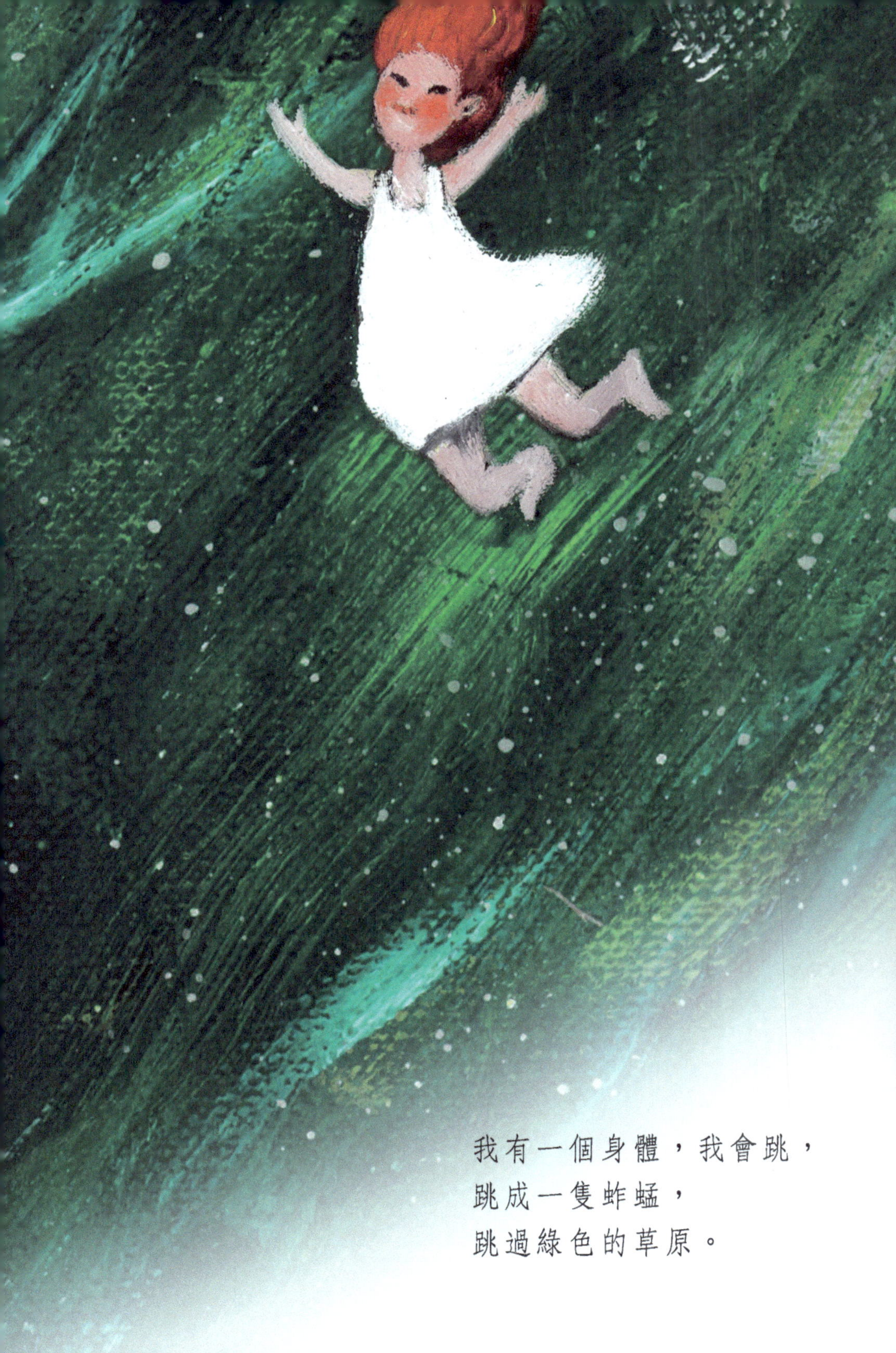

我有一個身體，我會跳，
跳成一隻蚱蜢，
跳過綠色的草原。

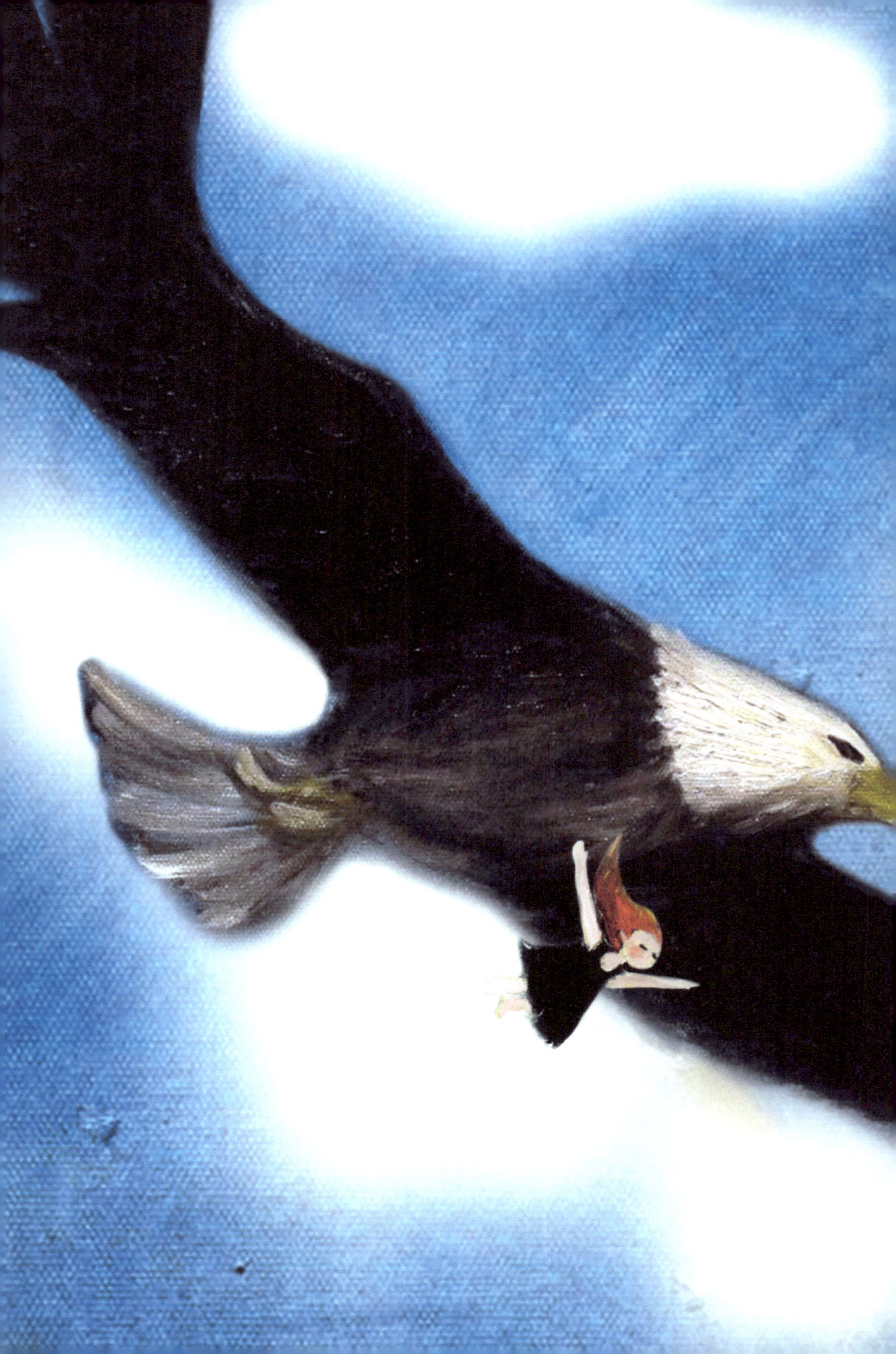

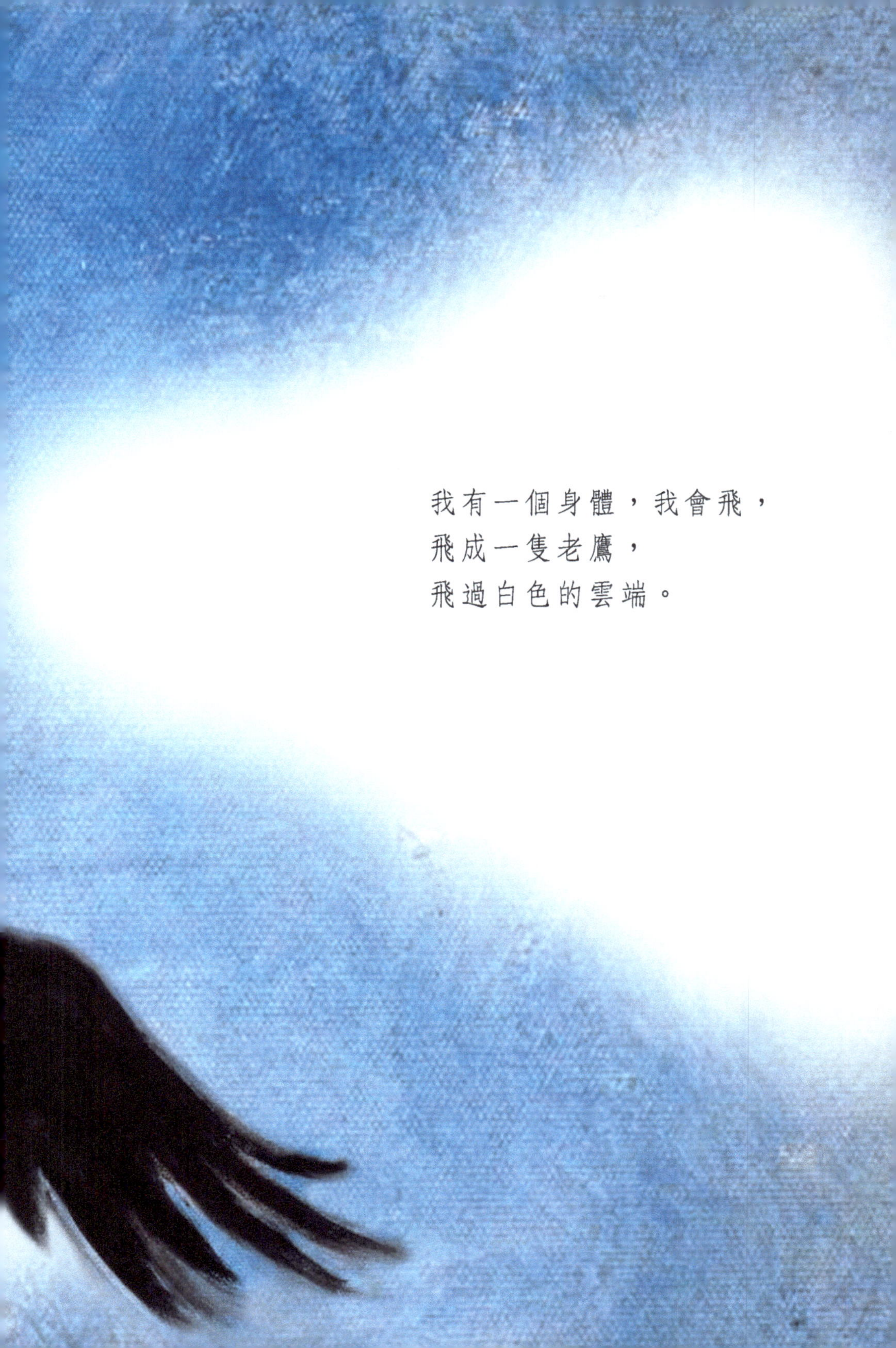

我有一個身體，我會飛，
飛成一隻老鷹，
飛過白色的雲端。

我有一個身體，我會游，
游成一隻鯨魚，
游過藍色的海洋。

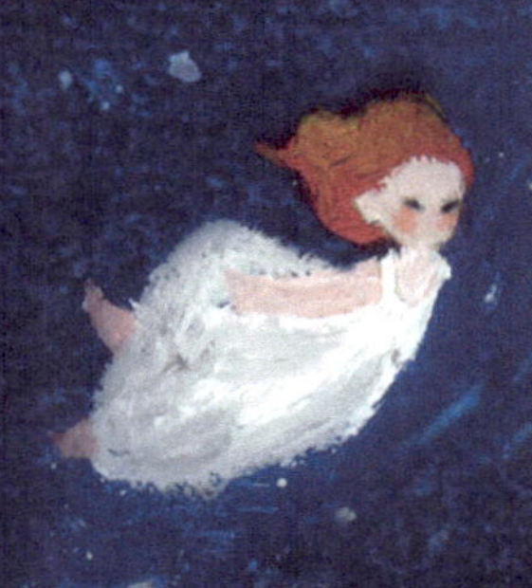

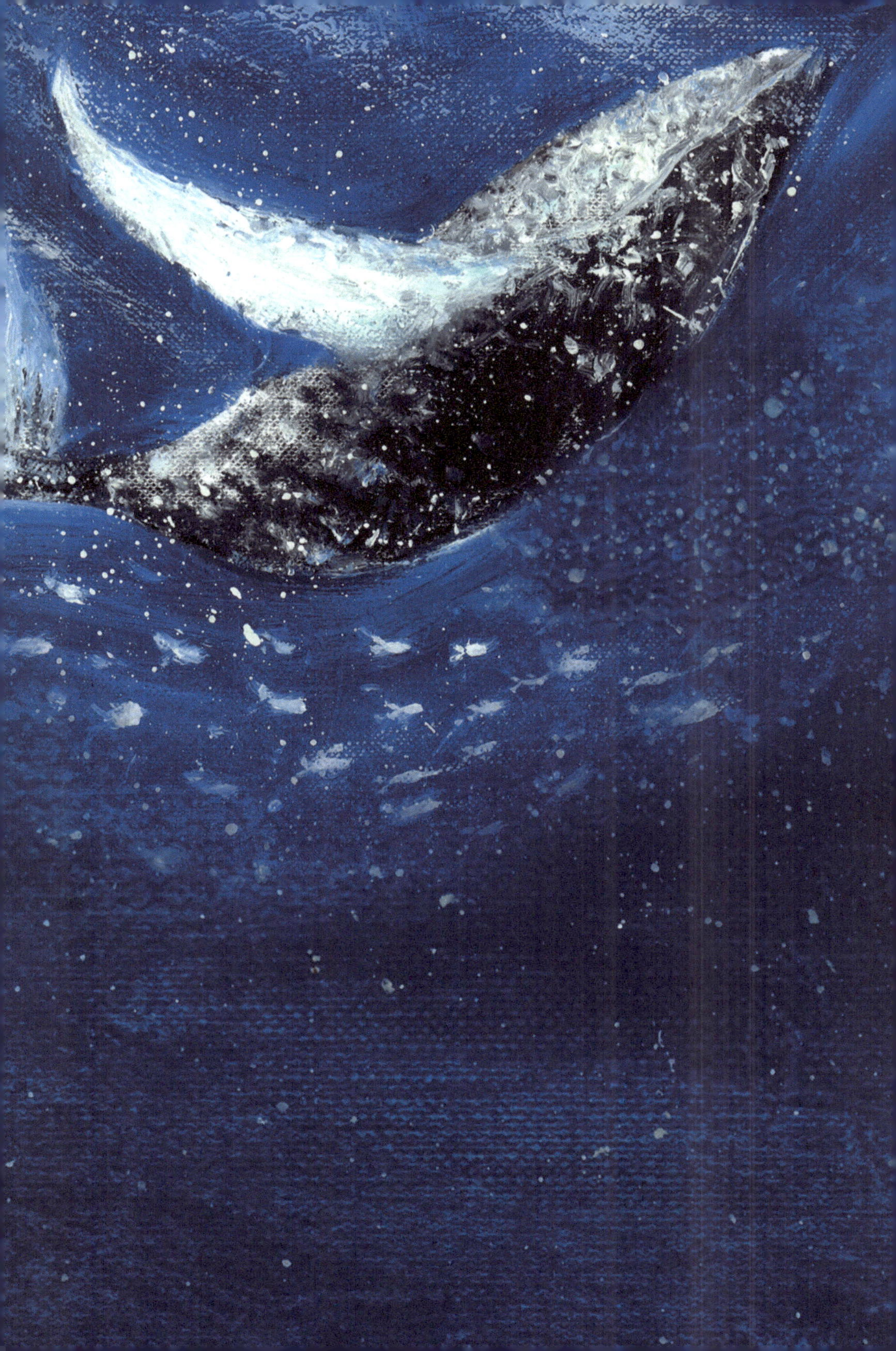

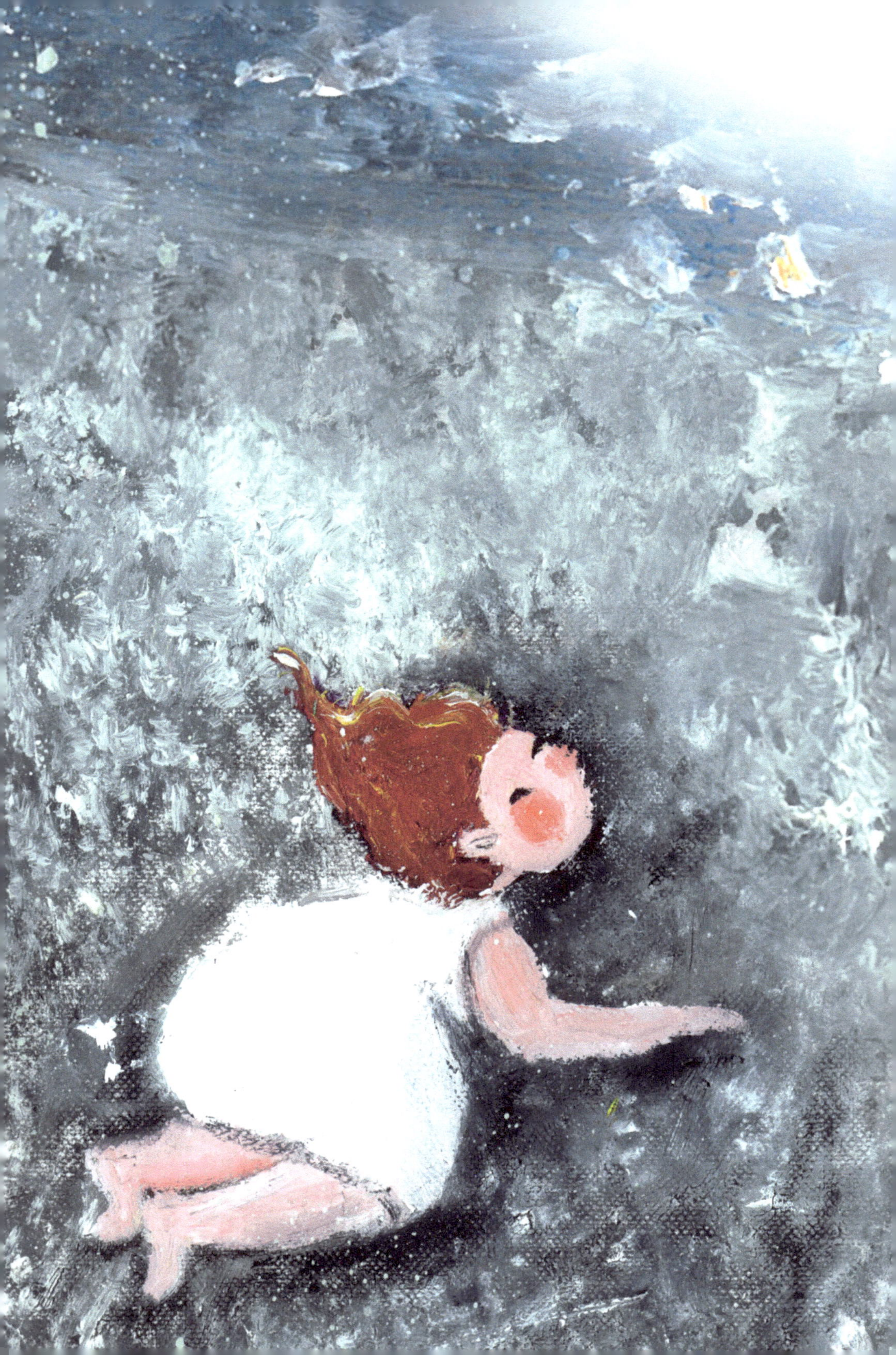

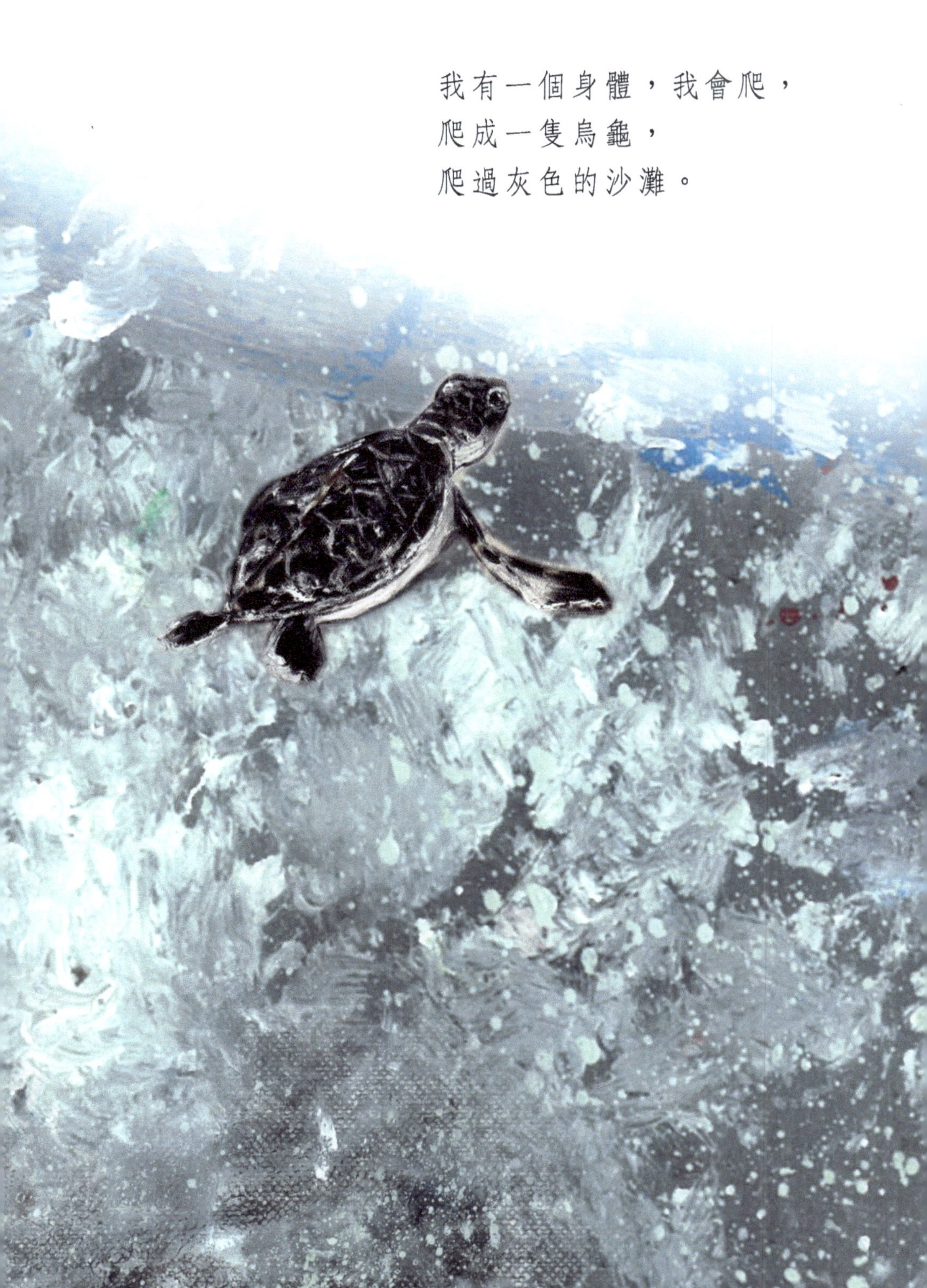

我有一個身體，我會爬，
爬成一隻烏龜，
爬過灰色的沙灘。

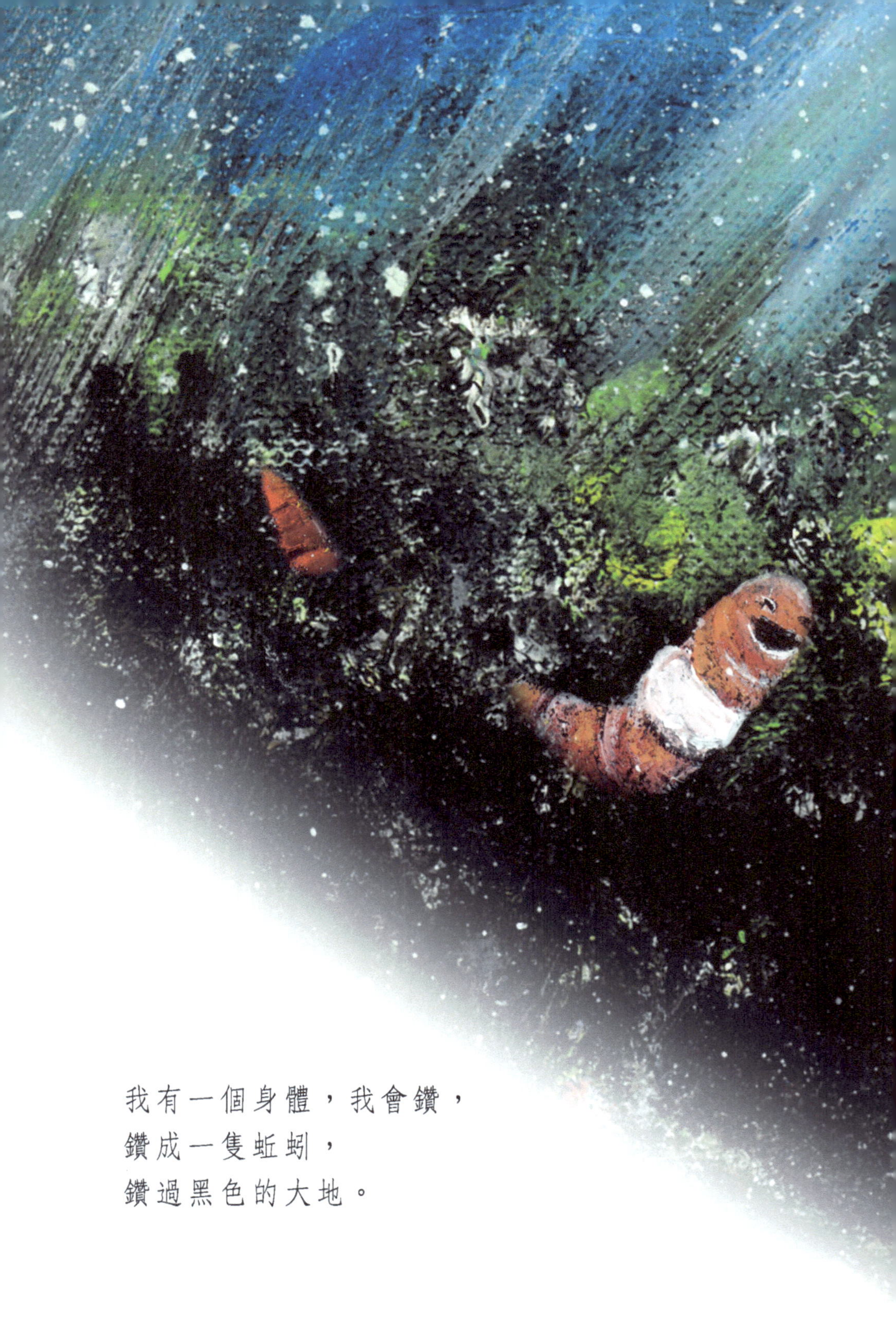

我有一個身體，我會鑽，
鑽成一隻蚯蚓，
鑽過黑色的大地。

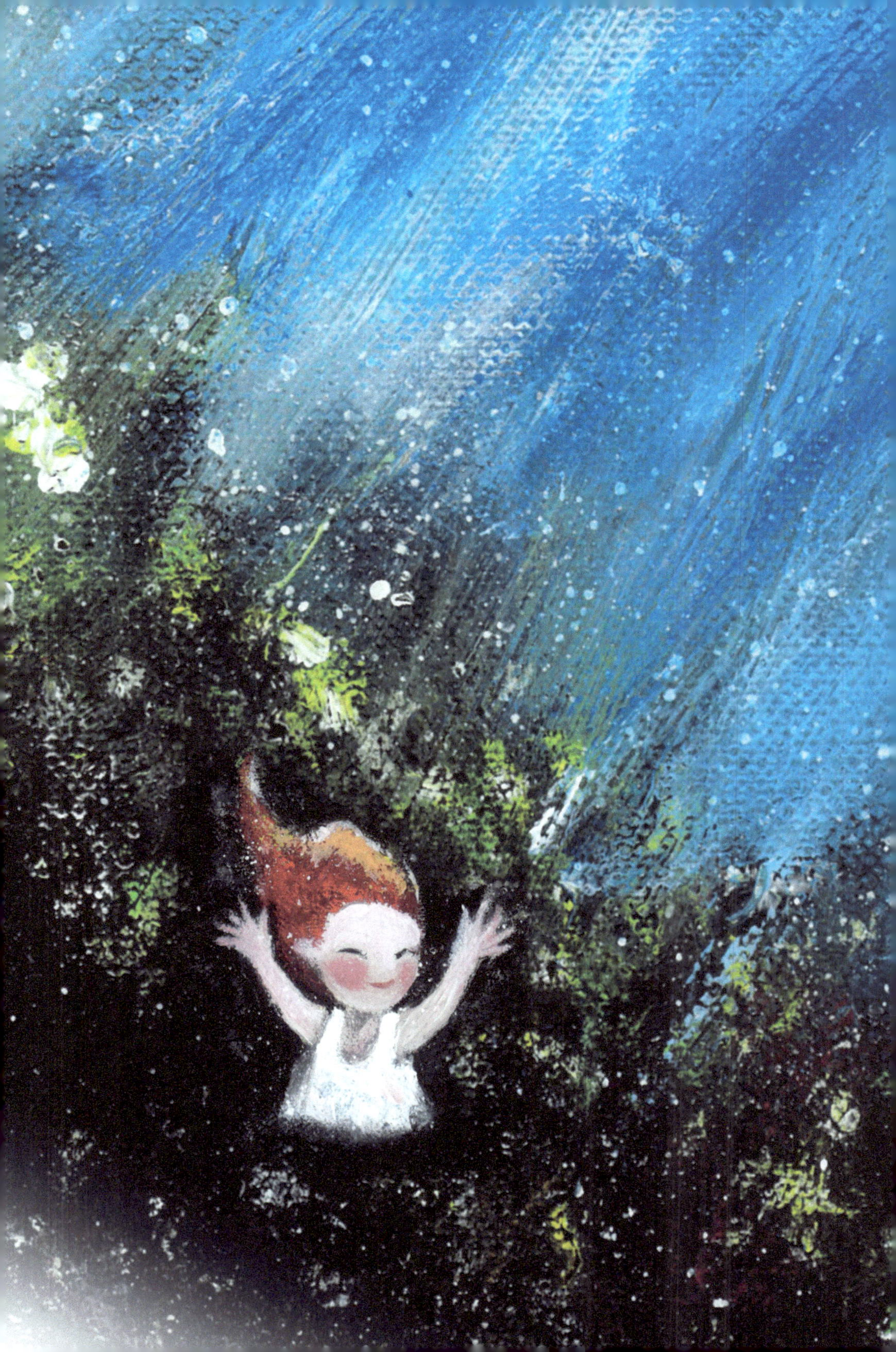

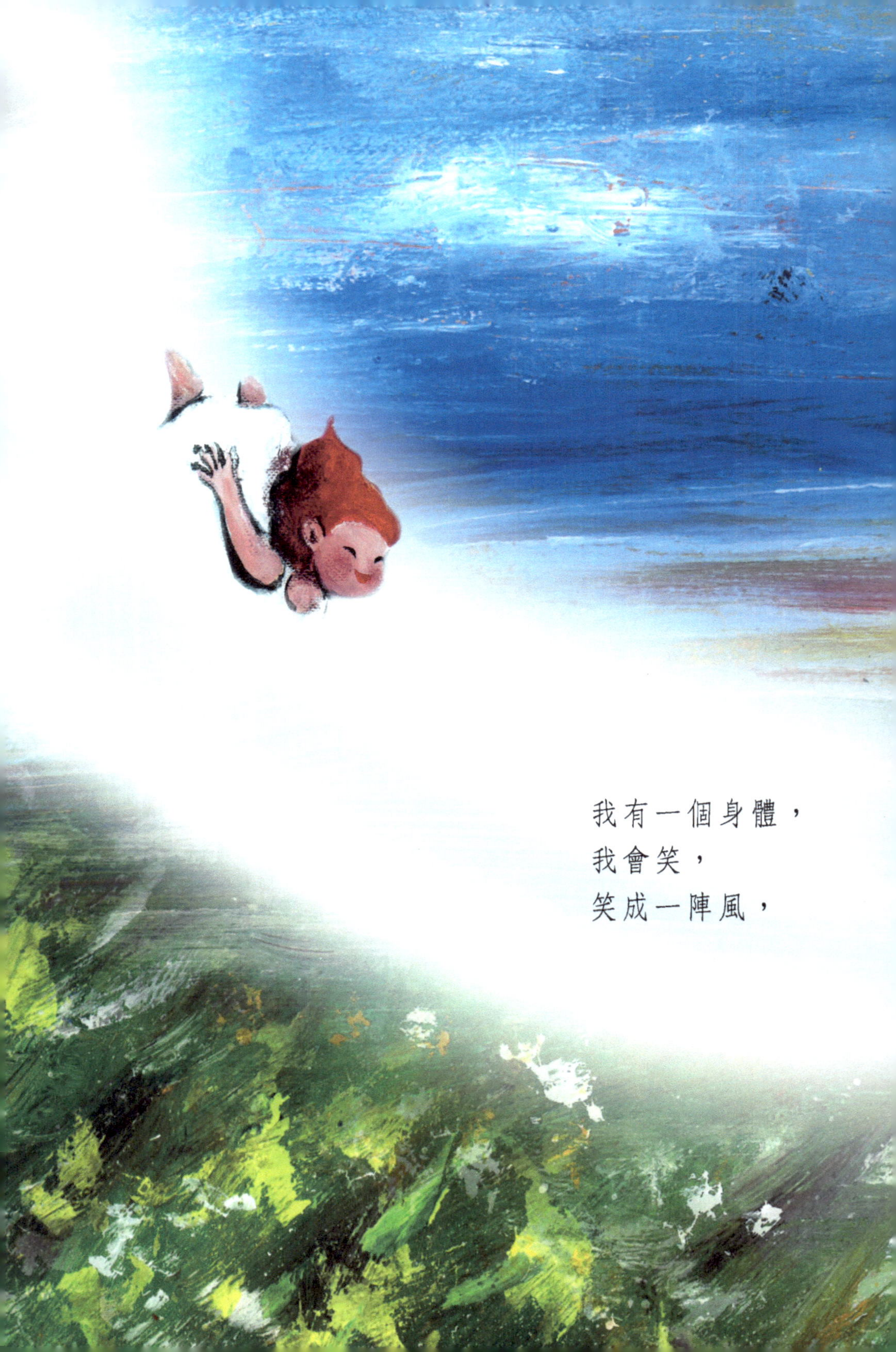

我有一個身體，
我會笑，
笑成一陣風，

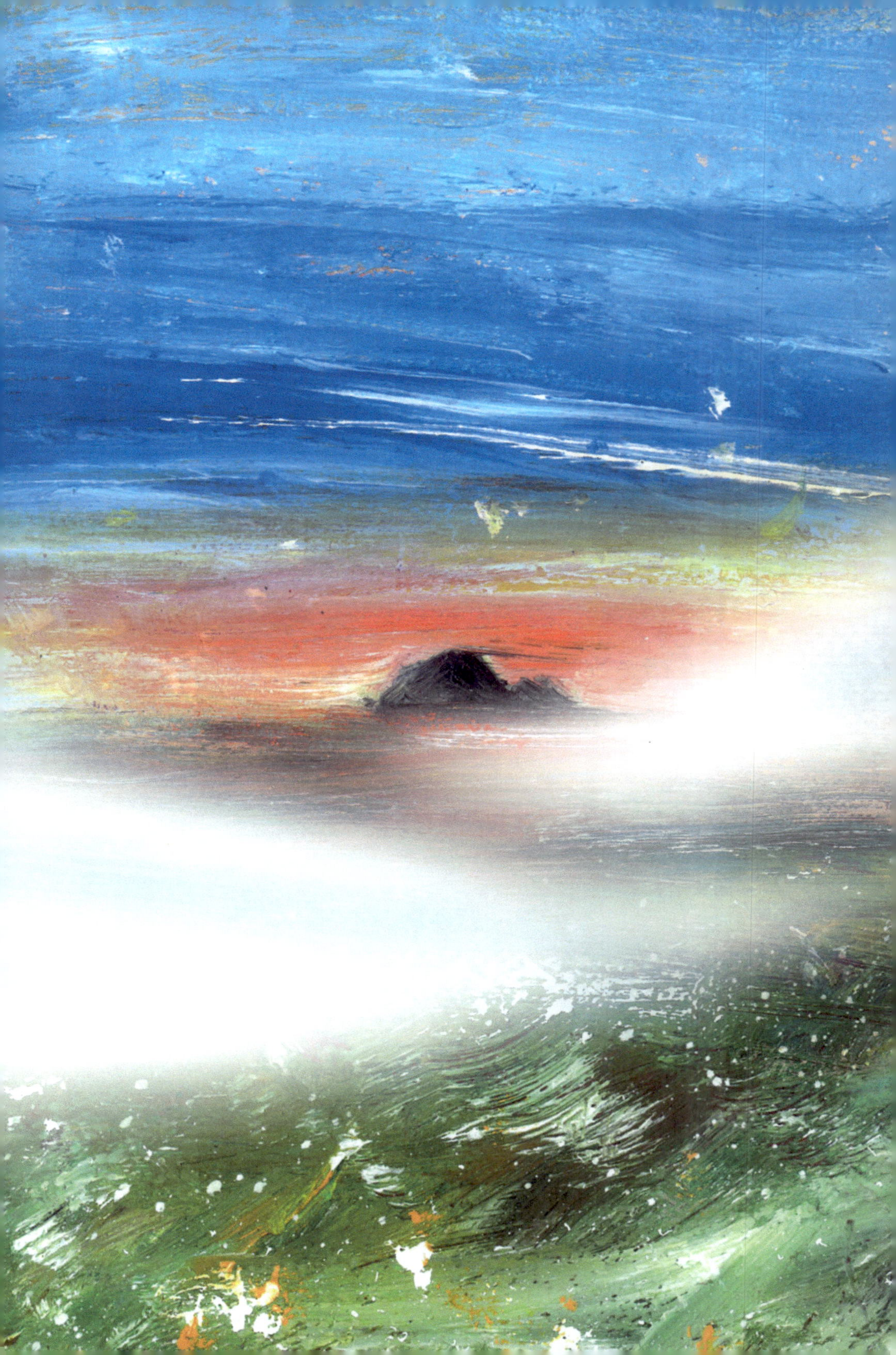

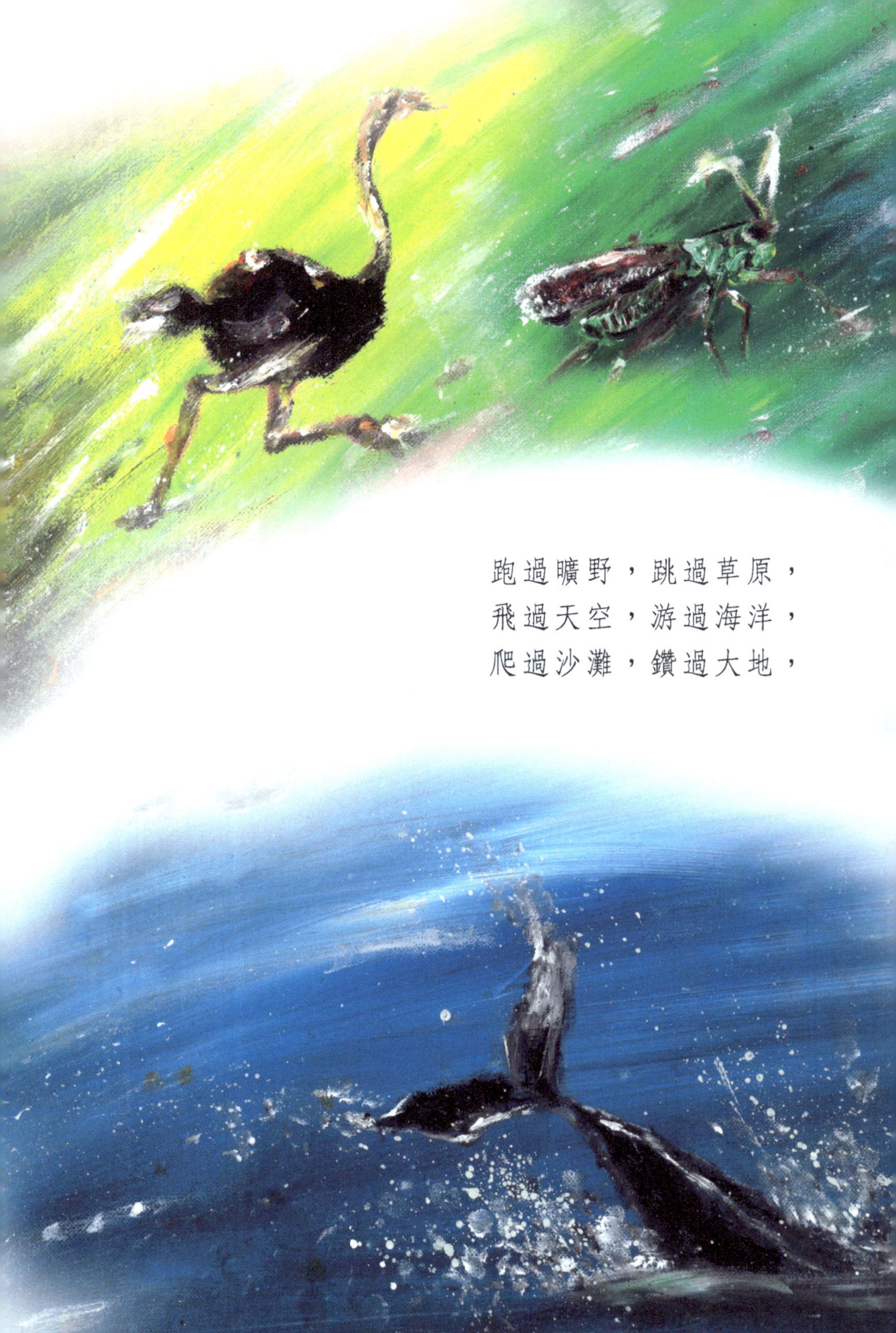
跑過曠野，跳過草原，
飛過天空，游過海洋，
爬過沙灘，鑽過大地，

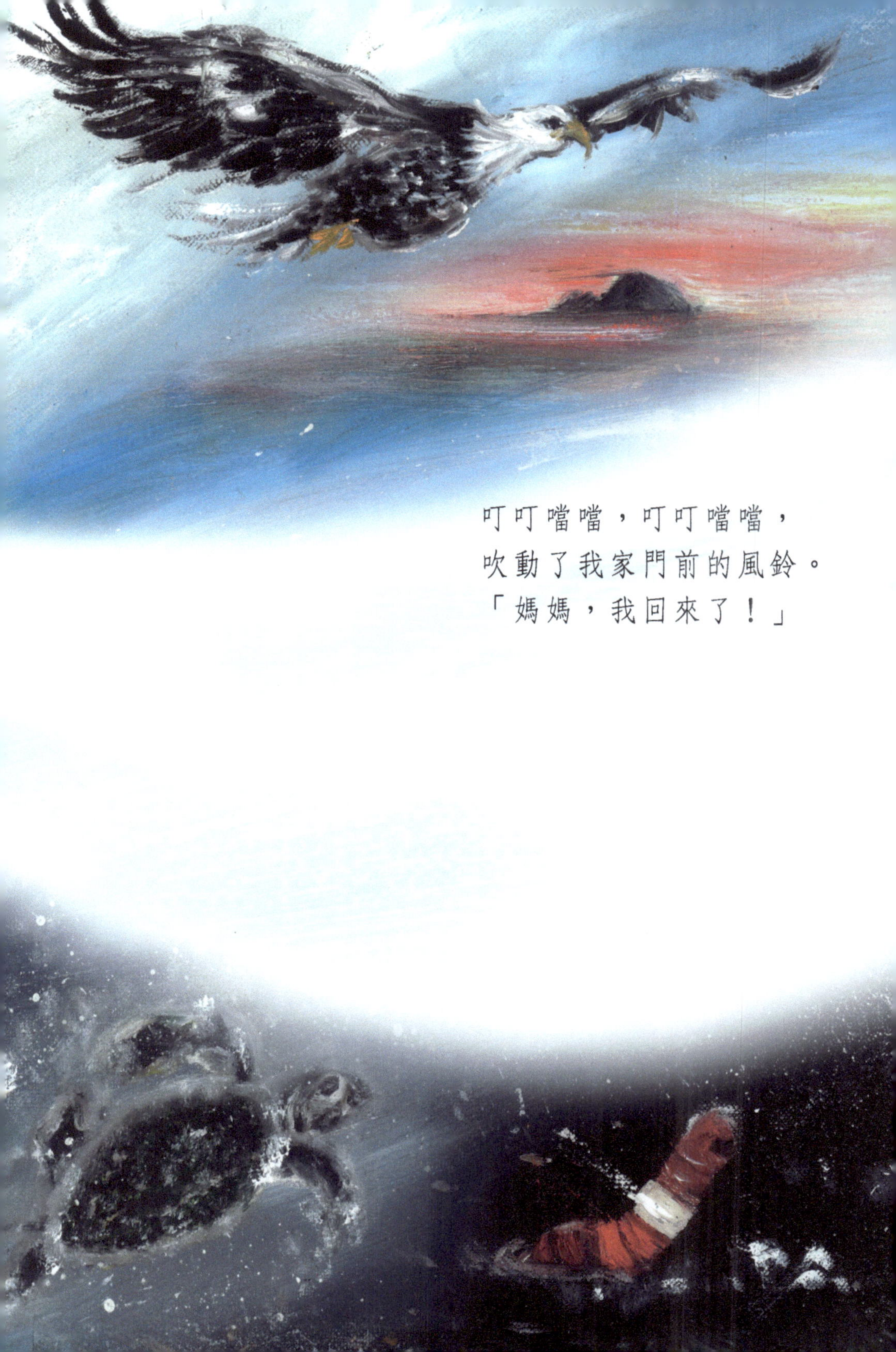

叮叮噹噹，叮叮噹噹，
吹動了我家門前的風鈴。
「媽媽，我回來了！」

我有一個身體，我要抱抱

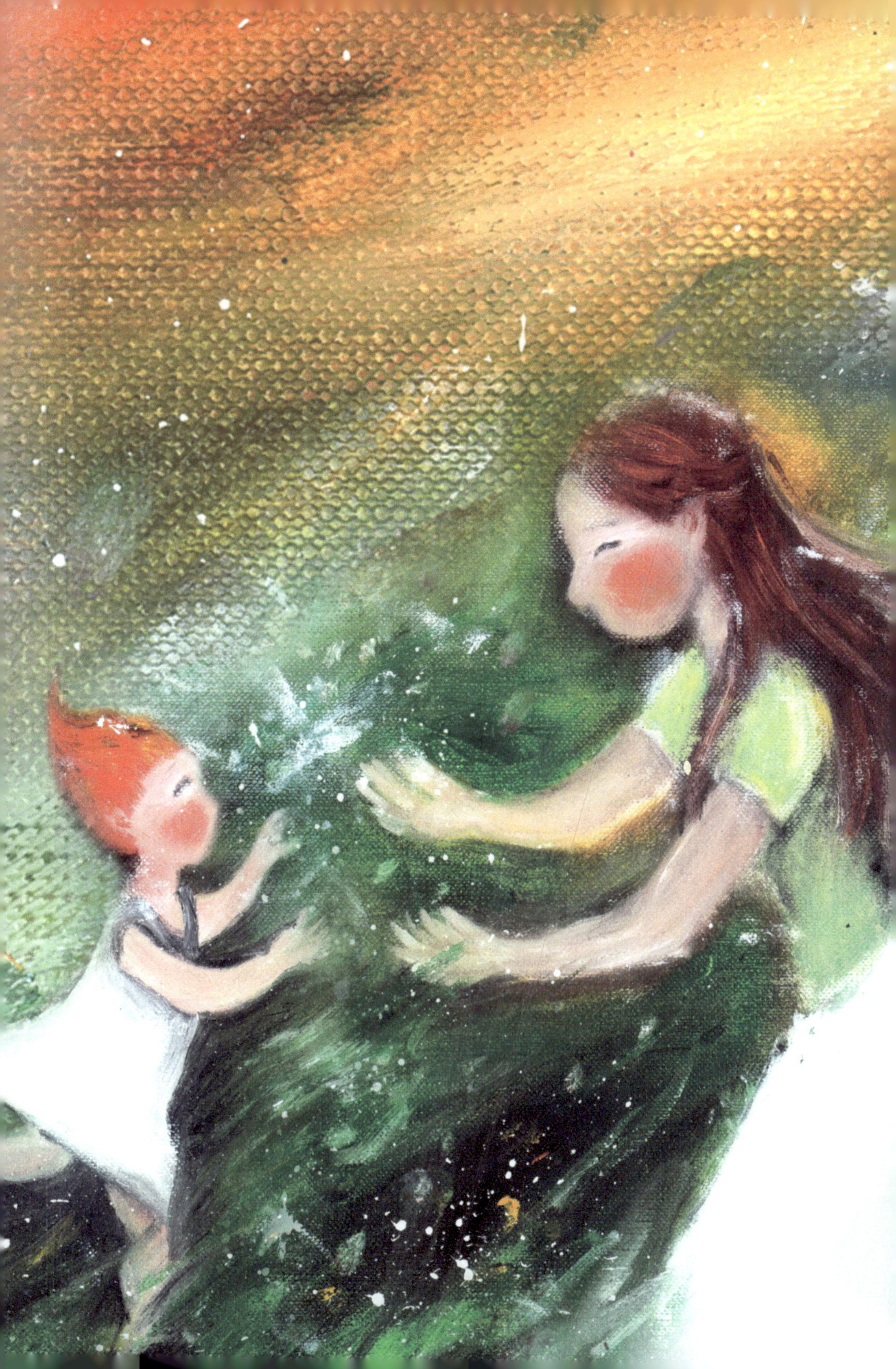

抱在媽媽的懷裡，
輕輕，輕輕地
在妳耳朵旁邊說：「媽媽，我愛妳！」

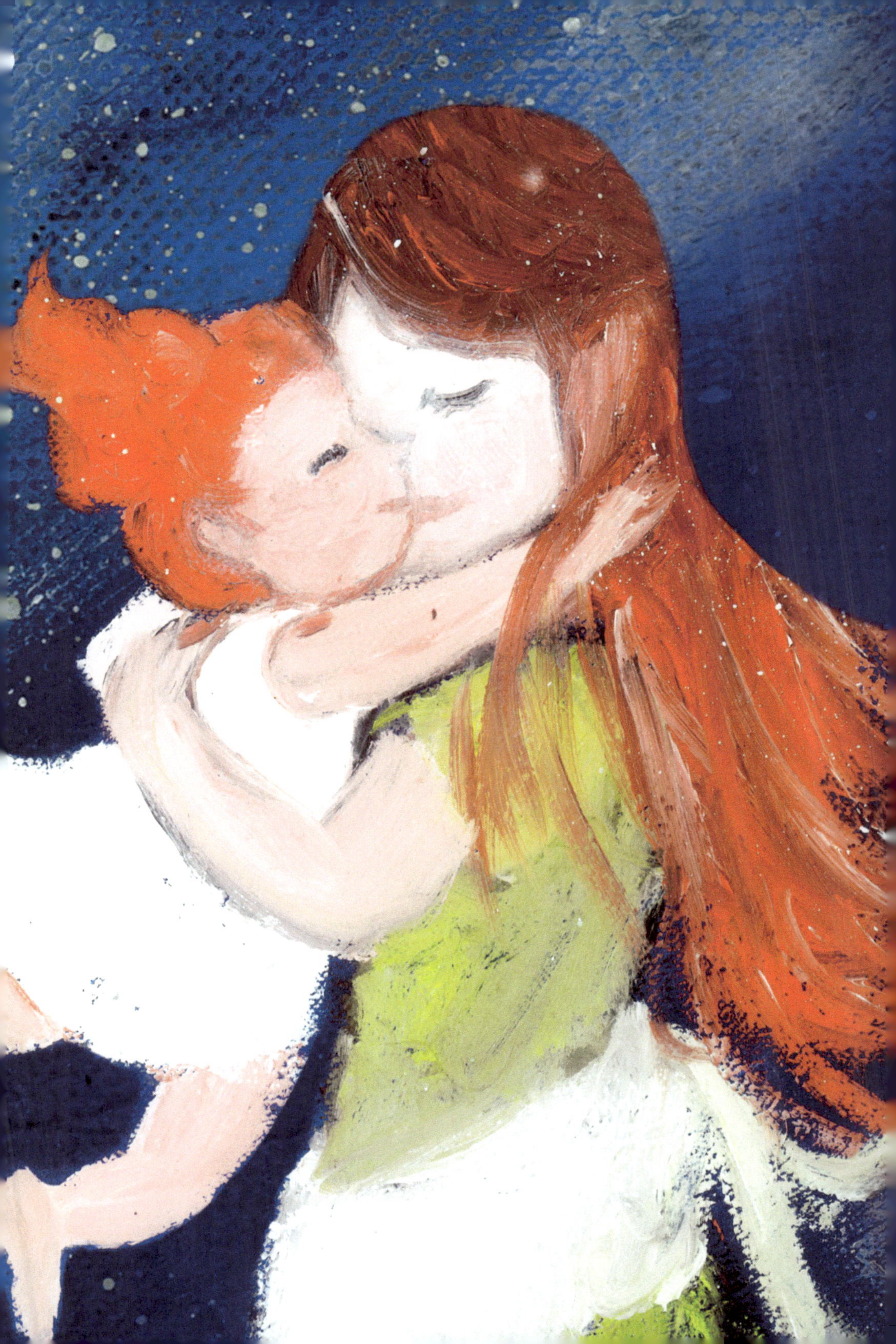